baby bullfrogs

spoonbills

starlings

For John and Milo

The children featured in this book are from the Luo tribe of south-west Kenya.

The wild creatures are the Citrus Swallowtail (butterfly), Striped Grass Mouse,
Yellow-headed Dwarf Gecko, Beautiful Sunbird, Armoured Ground Cricket,
(young) African Bullfrog, African Spoonbill and Superb Starling.

The author would like to thank everyone who helped her research this book,
in particular Joseph Ngetich from the Agricultural Office of the Kenya High Commission.

Text and illustrations copyright © 2002 Eileen Browne
Dual Language copyright © 2003 Mantra Lingua
This edition published 2003
Published by arrangement with Walker Books Limited
London SE11 5HJ

British Library Cataloguing in Publication Data:
a catalogue record for this book is available from the British Library.

Published by
Mantra Lingua
5 Alexandra Grove, London N12 8NU
www.mantralingua.com

hen

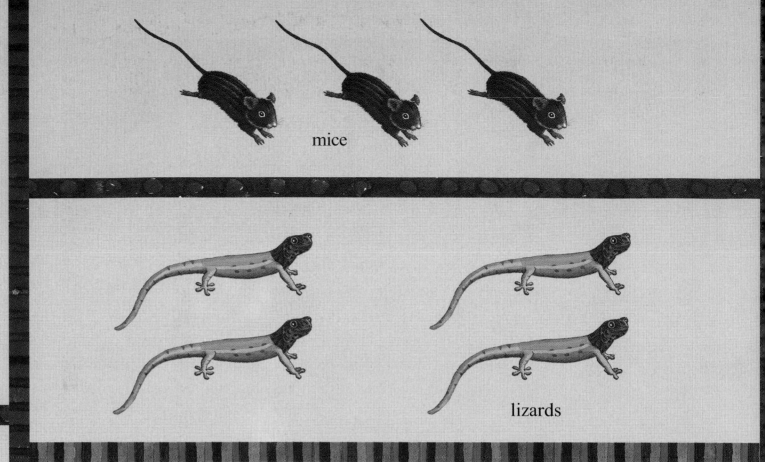

mice

lizards

butterflies

sunbirds

crickets

Digaagaddii Xanda
Handa's Hen

Eileen Browne

Somali translation by Adam Jama

mantra

Xanda ayeeydeed waxay lahayd digaagad qudha oo madow.
Waxaa la odhan jiray Moondhi - oo subax walba
Xanda ayaa Moondhi quraacdeeda siin jirtay.

Handa's grandma had one black hen.
Her name was Mondi - and every morning
Handa gave Mondi her breakfast.

Maalinbaa Moondhi soo quraac doonan wayday.
"Ayeeyo!" Xanda ayaa u yeedhay. "Moondhi ma kuu muuqataa?"
"May," ayay tidhi Ayeeyo. "Laakiin waxaa ii muuqata saaxiibaddaa."
"Akeeyo!" ayay tidhi Xanda. "Ila raadi Moondhi?"

One day, Mondi didn't come for her food. "Grandma!" called Handa. "Can you see Mondi?"
"No," said Grandma. "But I can see your friend."
"Akeyo!" said Handa. "Help me find Mondi."

Xanda iyo Akeeyo ayaa aqalkii digaaga baadhay.
"Bal eeg! Waa laba balanbaalisood," ayay tidhi Akeeyo.
"Laakiin meeday Moondhi?" ayay tidhi Xanda.

Handa and Akeyo hunted round the hen house.
"Look! Two fluttery butterflies," said Akeyo.
"But where's Mondi?" said Handa.

Waxay qooraansadeen istoodhka cuntada lagu kaydiyo hoostiisa.
"Shuuush! Saddex jiir oo diillimo leh," ayay tidhi Akeeyo.
"Laakiin meeday Moondhi?" ayay tidhi Xanda.

They peered under a grain store.
"Shh! Three stripy mice," said Akeyo.
"But where's Mondi?" said Handa.

Haddana waxay qooraansadeen dheryo dhoobo ah dabadooda.
"Waxaan arkaa afar mulac oo yaryar," ayay tidhi Akeeyo.
"Laakiin meeday Moondhi?" ayay tidhi Xanda.

They peeped behind some clay pots.
"I can see four little lizards," said Akeyo.
"But where's Mondi?" said Handa.

Markaasay dhir ubax leh ka dhex baadheen.
"Shan qorraxshimbireed oo qurxa badan," ayay tidhi Akeeyo.
"Laakiin meeday Moondhi?" ayay tidhi Xanda.

They searched round some flowering trees.
"Five beautiful sunbirds," said Akeyo.
"But where's Mondi?" said Handa.

Markaasay baadheen caws dheer oo dabayshu seexisay.
"Lix xawayaan oo boodaalaysanaya!" ayay tidhi Akeeyo. "Kaalay aan qabqabanno eh."
"Waxaan doonayaa inaan helo Moondhi," ayay tidhi Handa.

They looked in the long, waving grass.
"Six jumpy crickets!" said Akeyo. "Let's catch them."
"I want to find Mondi," said Handa.

Markaasay ku daadegeen ceelkii biyaha.
"Haa rah lab oo dhashay," ayay tidhi Akeeyo. "Waa toddoba!"

They went all the way down to the water hole.
"Baby bullfrogs," said Akeyo. "There are seven!"

"Laakiin meeday tii … ooh eeg! Raadkan!" ayay tidhi Xanda.
Raadkii ayay raaceen markaasay heleen …

"But where's … oh look! Footprints!" said Handa.
They followed the footprints and found …

"Waa digirin keliya," ayay tidhi Xanda. "Toddoba … may, siddeed.
Laakiin meeday, ooh meeday Moondhi?"

"Only spoonbills," said Handa. "Seven … no, eight.
But where, oh where is Mondi?"

"Hadda waxaan ka baqayaa in digirin liqay
ama libaax cunay," ayay tidhi Akeeyo.

"I hope she hasn't been swallowed by a spoonbill -
or eaten by a lion," said Akeyo.

Iyagoo murugaysan, ayay xaggii guriga Ayeeyo u soo noqdeen.
"Sagaal shimbirood oo yaryar oo dhalaalaya - xaggaa eeg!" ayay tidhi Akeeyo.

Feeling sad, they went back towards Grandma's.
"Nine shiny starlings - over there!" said Akeyo.

"Dhegayso," ayay tidhi Xanda. *jabnaan jabnaan* "Waa maxay waxaasi?"

jabnaan jabnaan   *jabnaan jabnaan*   *jabnaan jabnaan*   *jabnaan jabnaan*

"Halkaa dhirta hoosteeda ayaa sanqadhi ka baxaysaa. Bal ma qooraansannaa?"

"Listen," said Handa. *cheep* *cheep* "What's that?"

cheep   *cheep*   *cheep*   *cheep*
cheep   *cheep*   *cheep*   *cheep*

"It's coming from under that bush. Shall we peep?"

Xanda, Akeeyo, Moondhi iyo toban digaagadood oo dhashay

Handa, Akeyo, Mondi and ten chicks

ayaa yaacyaacay, oo diday, oo boodaalaystay illaa gurigii Ayeeyo …

hurried and scurried and skipped back to Grandma's …

Halkaas oo ay waqti dambe dhammaantood ku quraacdeen.

where they all had a very late breakfast.

hen

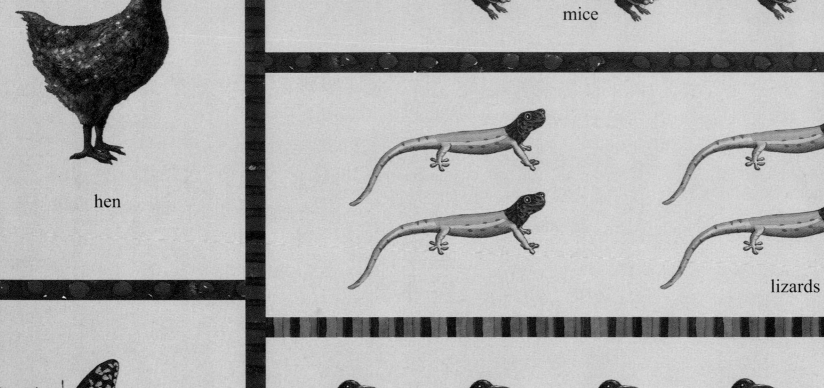

mice

lizards

sunbirds

crickets

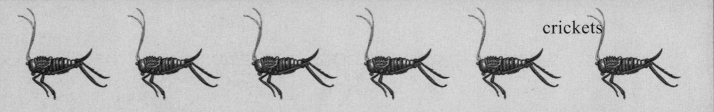

butterflies

baby bullfrogs

spoonbills

starlings

chicks